今日からなくそう！

食品ロス

～わたしたちにできること～

監修：東京家政学院大学教授　消費者庁食品ロス削減推進会議委員 上村協子

① 食べられるのに捨てられちゃうの？

汐文社
ちょうぶんしゃ

はじめに

みなさんは、「食品ロス」という言葉を知っていますか。

「食品ロス」とは、まだ食べられるのに捨てられてしまう食品のことです。

「私は食べ物を捨てたりしないから、あまり関係ない」

もしかしたら、そう思っているかもしれませんね。でも、実際に、私たちの身の回りではたくさんの食べ物が捨てられているのです。

わかりやすく表すと、日本では毎日、1人あたりお茶わん1杯分のごはんを捨てている計算になります。1年にすると、1人あたり約48キログラム。日本全体だと、年間612万トン。ここまで数字が大きくなると、想像もつかないですね。

私たちが何気なく食べている野菜、魚、肉はすべて命あるものです。そして、それらを材料に作られるものには、「おいしく食べてほしい」という、作り手の気持ちが込められています。

そんな食べ物が捨てられていると知って、心が痛みませんか？　もったいないと思いませんか？しかも、食べ物を捨てるのは、環境にもよくないことなのです。

この本では、「食品ロスとは何か？」を、わかりやすく紹介します。そして、どうして食品ロスが生まれてしまうのか、どんな場面で、何が原因で食べ物が捨てられてしまうのかを考えます。

人間は食べ物がなければ生きていけません。つまり、「食品ロス」は、私たち一人ひとりに関係のあるとても大切な問題なのです。

2020年、世界を襲った新型コロナウイルスで私たちの生活は一変しました。将来、「食べ物がある」ことが当たり前でなくなるかもしれません。だから、今こそ立ち止まり、食品ロスについて考える意味があるのです。

まだ食べられるのに捨てられた、おにぎりや炊き込みごはん（写真提供：株式会社日本フードエコロジーセンター）

もくじ

ボクたち、
まだおいしく
食べられるのに…

まだ、ちゃんと食べられるのに‼

カレーパン、オニオンマヨネーズパン、コーンパン…。みなさんはどのパンが好きですか？　どれもおいしそうで迷ってしまいますね。

でも、これらのパンはすべて捨てられたものです。

傷んだからではありません。まだちゃんと食べられるのに、捨てられたのです。本当に、もったいないと思います。

そして、日本ではこうしたことが毎日当たり前のように起きています。

「なんで、どうして？」「もったいない！」「こんなのおかしいよ！」

そういう気持ちを持つことが大切。それが食品ロスをなくすための、小さくて大きな第一歩になるのです。

（写真提供：株式会社日本フードエコロジーセンター）

🍚 どうして食品ロスをなくす

●世界人口の9分の1以上に食べ物が足りない

上の図は、栄養不足人口の割合を色分けし、どこの国（地域）で食べ物が不足しているかがひと目でわかる地図、「ハンガーマップ」です。

　今、世界では9人に1人以上、8億2100万もの人が、食べ物が足りずに苦しんでいます。日本でも、子どもの7人に1人が貧困家庭で、なかには満足に食べられない子どももいます。

　しかし、日本では、まだ食べられる食品が、年間612万トンも捨てられているのです。

●食料を輸入に頼っている日本

　日本は海外から大量の食料を輸入しています。平成30年度の日本の食料自給率※はカロリーベースで37%、生産額ベースで66%。つまり、日本国内で作られたものだけでは、おなかいっぱい食

6

ければいけないの？

昭和40年度以降の食料自給率の推移（農林水産省）

生産額ベース食料自給率: 86, 85, 83, 77, 82, 75, 74, 71, 70, 70, 66, 66

73, 60, 54, 53, 53, 48, 43, 40, 40, 39, 39, 37

カロリーベース食料自給率

べることができません。それなのに、まだ食べられる食品を捨てているのです。

外国からわざわざ輸入しているのに、食べ物を捨ててしまう日本。

さまざまな事情で、食べ物が手に入らず、病気になったり亡くなる人がいる国。

同じ地球に住んでいるのに、不公平だと思いませんか。

また、2020年の新型コロナウイルスの流行で世界中が混乱しました。輸入に頼っている日本ですが、これからは今まで通り食べ物を輸入できるとは限らないのです。

※食料自給率とは、国内で消費される食べ物が、どのくらい国内生産でまかなえているか（自給できているか）を示す割合。

● SDGsと食品ロス問題

みなさんが学校で学習してきた「SDGs（持続可能な開発目標）※17」の目標を思い出してください。

たとえば、12の「つくる責任、つかう責任」では、水や食べ物、エネルギーといった資源を無駄にしないことが求められ、食品ロスと深い関わりがあります。

そのほかにも、食品ロスを減らすことで、達成に近づく目標がいくつもあります。そして、これらの目標は2016年から2030年までの15年間で、世界中の人が達成に向けて取り組むという約束です。

だからこそ、私たちは食品ロスについて学び、少しでも減らしていく習慣を身につけなければならないのです。

🍚 食べ物には、多くの人の

みなさんが毎日食べているものは、どこで生まれ、どうやって私たちのもとに届いているのか、想像したことがありますか。

お金を出せば簡単に手に入ると思いがちですが、食べ物が私たちのもとに届くまでには、とても長い道のりがあります。どんな人たちが関わっているのかを見てみましょう。

●生産者

農家では、米・野菜・果物などの農作物を育てて出荷しています。漁師は漁で魚をとり、または、養殖した魚介類を出荷。畜産農家では、牛乳・卵をとり、また、食肉用のブタや牛、ニワトリを育てて出荷します。

農家も漁師も畜産農家も国内だけではありません。いろいろな国で、私たちの食べ物を作ってくれている人がいるのです。

●卸売市場

野菜、果物、魚類、肉類など、さまざまな食べ物が集まり、ここからスーパーや卸売店などに売られます。

引と思いが込められている 🍽

●食品メーカー

仕入れた原料を使って、加工食品を作ります。

●卸売店

卸売市場や食品メーカーから食べ物を仕入れて、スーパーや飲食店などに納めます。

●輸送業者

国内では鉄道や自動車（主にトラック）で食べ物を運びます。海外からは、船や飛行機を使って、たくさんの食料を運びます。

●小売店・飲食店

デパート、スーパー、コンビニなどは、消費者に直接、品物を売ります。

ファミレス、ファストフード店、回転ずし店などは身近な飲食店です。

ここに紹介したほかにも、安全でおいしい食べ物を届けるため、さまざまな人たちが関わっています。目には見えないけれど、一つひとつの食べ物に、「おいしく食べてほしい」「喜んで食べてほしい」という思いが込められているのです。

食べ物があるのは当たり前ではありません。たくさんの人が働いてくれるからこそ、私たちのもとに届くということを、しっかり覚えておきましょう。

毎日、お茶わん1杯分を捨

日本では、年間2550万トンもの食品に関するごみが出ます。そのうち、612万トンは、食品ロスです。食品ロスとは、まだ食べられるのに捨てられてしまう食品のことです。

食品に関係するごみ

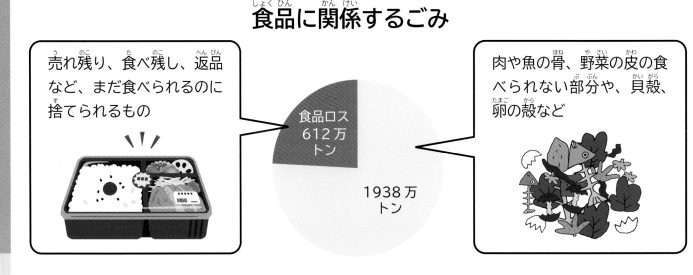

売れ残り、食べ残し、返品など、まだ食べられるのに捨てられるもの

食品ロス 612万トン

1938万トン

肉や魚の骨、野菜の皮の食べられない部分や、貝殻、卵の殻など

食品ロスの割合

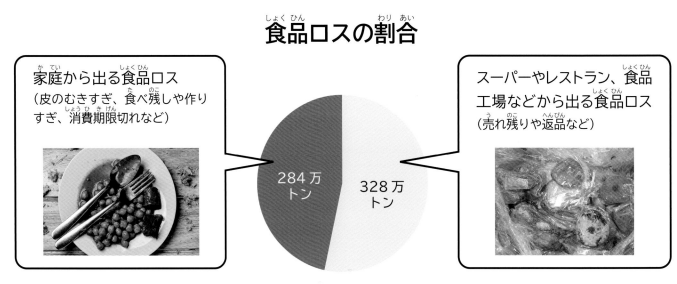

家庭から出る食品ロス
（皮のむきすぎ、食べ残しや作りすぎ、消費期限切れなど）

284万トン

328万トン

スーパーやレストラン、食品工場などから出る食品ロス
（売れ残りや返品など）

農林水産省　食品廃棄物等の利用状況等（平成29年度推計）

　食品ロスの割合は、お店などから出るものが、年間328万トン。私たちの家庭から出るものが、年間284万トン。つまり、食品ロスの約半分が、家庭から出ているのです。

ている!

●毎日、おにぎり1個分が捨てられている?!

　計算すると、日本の人口1人あたり、毎日、お茶わん1杯分のごはん、または、おにぎり1個分の食べ物を捨てていることになります（1年で約48キログラム）。

　問題は、それだけではありません。
　捨てられた食品は燃やして処分しなければなりません。そのためには、1トンで約4万～5万円もかかり、その多くを税金でまかなっているのです。その金額は、1年で8000億円から1兆円ともいわれています。お金を払って、食べられるものを処分しているなんて、おかしいと思いませんか。

●今すぐ、食品ロスを減らせる!

　食べ物が十分にある生活は豊かです。しかし、食べられるものを捨ててしまう生活は、豊かといえるでしょうか。
　食べるのを我慢するのはむずかしいことですが、食べられる食品を捨ててしまう生活を変えるのは、誰にでもできるはずです。だからこそ、一人ひとりが食品ロスと無関係ではありません。

11

家庭から出る、食品に関するごみは、年間で 783 万トン。その約 36% にあたる 284 万トンが食品ロスです。年間 1 人あたりの食品ロスの量は、約 48 キログラムにもなります。

では、家庭からどんな食品ロスが出ているのかを見ていきましょう。

家庭の食品ロスのうちわけ

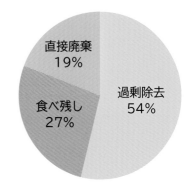

直接廃棄 19%
過剰除去 54%
食べ残し 27%

農林水産省　平成 19 年度食品ロス統計調査

●最も多いのが「過剰除去」

料理の下ごしらえをするとき、肉の脂身を切り落としたり、野菜や果物の皮をむいたり、へたをとったりしますね。

肉や野菜や果物には食べられないところもありますが、食べられる部分も捨ててしまうことがあります。それを、「過剰除去」と呼びます。

こんなに捨てている

写真を見比べるとわかりますが、かなりの部分を捨てています。でも、葉や茎にも栄養がたっぷりありますし、工夫次第でおいしく食べられます。

過剰除去は食品ロスを増やすだけでなく、栄養も一緒に捨ててしまっているのです。

●食卓からごみ箱へ…「食べ残し」

好ききらいがあると、どうしても食べ残しが増えます。また、量が多すぎて食べきれないという人もいるでしょう。

さらに、料理を作ったのに、食べるタイミングがなくて、捨ててしまうことも少なくありません。

● そのまま捨ててしまう「直接廃棄」

「直接廃棄」とは、冷蔵庫などにしまっておいて消費期限が切れてしまったものや、たくさん買いすぎて使えなかったもの、しなびた野菜、好みに合わない頂き物などを、そのまま捨ててしまうことをいいます。

でも、傷んだ野菜もまるごと捨てるのではなく、傷んだ部分だけを取り除くようにすれば食べられます。

また、好みに合わない頂き物は、誰かに食べてもらうことで捨てずにすみます。

●買いすぎ、つめ込みすぎが食品ロスを生む

今日はセールだから、いっぱい買い物しようね！

あら、肉があったのに、また買っちゃった

「スーパーなどでセールをしていると、ついついたくさん買ってしまう」「冷蔵庫に何が入っているかを忘れて、同じものを買ってしまう」「食べる予定もないのに、なんとなく欲しくなって買ってしまう」そうした行動が食品ロスにつながります。

・買い物リストを作って、余計なものを買わない
・家にどんな食べ物があるかをこまめにチェックする
・傷みやすいものから先に食べる

このように習慣をちょっと変えるだけで、食品ロスは減らせるはずです。

🍚🥢 学校でも食品ロスが生まれ

みなさんは、給食を残さずに食べていますか。

給食は家の人が作ってくれる食事と違い、苦手なメニューがあるかもしれません。そうなると、食べ残しが出やすくなります。

「早く遊びに行きたい」「食べるのが遅いから、食べきれない」という理由で、給食を残してしまう人もいるでしょう。また、給食はクラスの人数分作っているので、欠席の人が多ければ、それも食べ残しの原因になります。

実は、学校給食の食べ残しは、小中学生1人あたり、年間7.1キログラムという調査結果があります。

給食を残してしまう理由のランキング（小中学生男女合わせて／回答、3つまで）

第1位
きらいなものがあるから　65.8%

第2位
量が多すぎるから　35.9%

第3位
給食時間が短いから　30.4%

第4位 おいしくないから 20.0%　第5位 食欲がないから 19.4%

ほかに、太りたくないから、たくさん食べると恥ずかしいから、体調がよくないからなどの理由もありました。

給食を全部食べる？　残す？

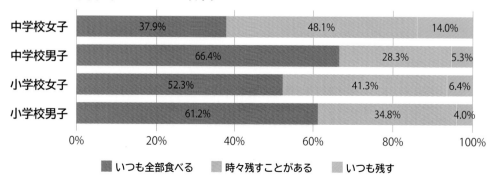

	いつも全部食べる	時々残すことがある	いつも残す
中学校女子	37.9%	48.1%	14.0%
中学校男子	66.4%	28.3%	5.3%
小学校女子	52.3%	41.3%	6.4%
小学校男子	61.2%	34.8%	4.0%

日本スポーツ振興センター「平成22年度児童生徒の食事状況等調査報告書」より

ている

●みんなで話し合ってみよう！

給食の食べ残しは、子どもにとって身近な食品ロスです。

どうしたら食べ残しを少しでも減らせるかを考えて、友だち同士で、またはクラスの議題として、話し合ってみましょう。

残さず食べるには、おなかを空かせるのが一番。だから、休み時間には校庭に出て、思いっきり運動したらいいと思うな。

ボクはたくさん食べられないんだ。だから、全員に同じ量を配るんじゃなくて、たくさん食べる人は多く、少ししか食べない人は少なく配れば食べ残しは減ると思うよ。

どうしても牛乳が苦手…。給食の時間、お茶が出たらもっとおいしく食べられると思うんだけど。それと、もう少し食べる時間が長いといいな。

きらいなものでも一口は食べるようにしたら？　それで、食べたときは、まわりの人が拍手してはげますとか。そういうのがあれば、がんばれる気がする。

一週間に一度、校庭で食べるのはどう？　遠足みたいに外で食べたら、いつもよりおいしく感じて、残さなくなるかもしれないよ。

人気のあるメニューを増やして、人気のないメニューをなくせばいいと思う。ちなみに、ボクが好きなのはやっぱりカレー！　毎日でも OK。

みなさんはどんなアイデアが思い浮かびましたか。考えること、ほかの人の意見を聞くことは食品ロスを減らす第一歩です。どんな小さなことでもいいので、自分なりの考えをまとめてみましょう。

●消費期限、賞味期限切れの商品

　小売店では、消費期限や賞味期限が切れた食品の多くが捨てられます。

　そこで、食品ロスを減らすために、スーパーでは、消費期限や賞味期限が近くなった商品を値下げすることがあります。

　また、コンビニでも弁当類の値下げを始めています。

捨てられてしまうコンビニ弁当

スーパーでは値下げされることも多い

ｨ売店で出る食品ロス

●見た目が悪くなった商品

商品を運ぶ途中で、ぶつけたり、落としたりして、商品の形が変わってしまうことがあります。そうした見た目の悪い商品も捨てられることがほとんどです。

中身はなんともないのに、もったいないですね。

へこんでしまったお菓子の箱

●シーズンに合わなくなった商品

節分の恵方巻き、バレンタインデーのチョコレート、クリスマスケーキなどは、時期が過ぎると店から姿を消します。時期に合わないという理由で、まだ食べられるのに、捨てられてしまうのです。

（写真提供：株式会社日本フードエコロジーセンター）

●私たちも変わらなければいけない

たとえば、クリスマスケーキを買いに行ったのに売り切れだったら、がっかりしますね。

店は、お客様をがっかりさせないように、多めに作って売ります。これが食品ロスの原因になります。

では、クリスマスケーキを予約して買えばどうでしょう。売り切れの心配もありませんし、店側も必要以上に多く作らなくてすみます。一人ひとりが行動を少し変えるだけで、食品ロスは減らせるのです。

17

●安全に食べることができるのが「消費期限」

消費期限が表示されているものには、お弁当、サンドウィッチ、おそうざいなどがあります。

これらの袋や包装を開けず、決められた方法で保存された場合に、安全に食べられるのが「消費期限」です。ですから、消費期限を過ぎたものは食べない方がいいのです。

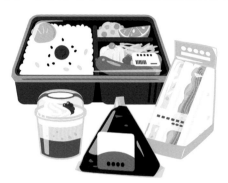
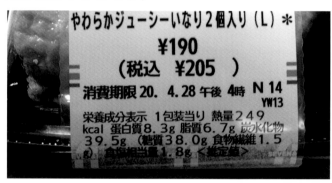

●おいしく食べることができるのが「賞味期限」

スナック菓子やカップめん、缶づめなどには賞味期限が表示されています。袋や包装を開けず、決められた方法で保存された場合に、おいしく食べられるのが「賞味期限」です。

賞味期限の表示には2種類あります。

❶賞味期限が3カ月以内のものは、年月日で表示

❷賞味期限が3カ月以上のものは、年月で表示（日付が入っているものもある）

賞味期限が3カ月以内の豆腐

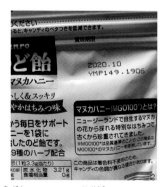
賞味期限が3カ月以上のキャンディー

賞味期限は、生産者が余裕をもって決めている場合もあるので、表示されている期限を過ぎても、すぐに食べられなくなるわけではありません。

に違いがあった!

●もったいない！ 3分の1ルール

スーパーやコンビニなどの小売店では、賞味期限がまだ残っているのに、早々と店から姿を消す食品があります。なぜなら、日本特有の「3分の1ルール」というものがあるからです。たとえば、賞味期限が6カ月の食品で、3分の1ルールを考えてみましょう。

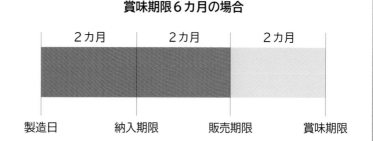

賞味期限6カ月の場合

2カ月	2カ月	2カ月
製造日	納入期限	販売期限 賞味期限

❶食品メーカーなどは、製造日から2カ月以内に、小売店に商品を届けます。これが、納入期限です。

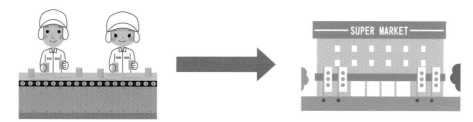

❷スーパーやコンビニなど小売店で販売

図の赤い帯の部分、製造日から4カ月間が商品を販売する期間です。つまり、食品メーカーなどから商品が早く届けば届くほど、店は長く販売できます。

❸返品や廃棄

図の水色の帯の部分は、メーカーに返品されたり、廃棄処分、つまり捨てられてしまう期間です。図を見るとわかりますが、賞味期限が切れるまでに残り2カ月もあります。

しかし、3分の1ルールがあるために、まだ食べられるのに捨てられてしまうのです。

現在は、食品ロスを減らすために、3分の1ルールを見直していこうという動きが始まっています。賞味期限が近づいた商品を値下げして売るのも、その取り組みの一つです。

ボクたち、まだまだおいしく食べられるよ。捨てないで！

レストラン、ファストフード店、回転ずしなど、世の中にはいろいろな飲食店があります。また、結婚式の披露宴や、さまざまな宴会でも料理が出されます。

このように、飲食をサービスする店などをまとめて、外食産業と呼びます。

外食産業では、年間約127万トンの食品ロスが出ており、これは食品ロス全体（612万トン）の、5分の1ほどにあたります。

●第1位　食べ残し・注文ミス

外食産業から出る食品ロスでいちばん多いのは、食べ残しと注文ミスです。

「たくさん頼みすぎた」「量が多かった」「おいしくなかった」などの理由で大量の食べ残しが出ます。

また、オーダーと違うものを作ってしまう注文ミスも、食品ロスにつながります。

●第2位　期限切れ・作りすぎ

2番目に多い食品ロスは、期限切れと作りすぎです。

店では、お客様の人数や何を頼むかを予想して、それより多めに食材を準備します。

なぜなら、品切れを起こすと、お客様から不満が出るからです。

でも、予約がキャンセルになった、天気が悪くていつもよりお客様が少なかったというときは、

品ロス

どうしても食材が余り、期限切れになることがあります。

　また、大皿から好きなものを取る食べ放題の店では、料理がたっぷりないとお客様が満足しないため、どうしても作りすぎになってしまいます。

　回転ずしやファストフード店でも、あらかじめ作っておいたものが一定時間を過ぎると捨てられることがあります。

●第3位　調理くず、調理ミス

　外食産業の食品ロスの第3位は、調理くずや調理ミスです。

　たとえば、サンドウィッチを作る際に、食パンの耳を切り落として捨てることがあります。また、忙しい時間帯などでは調理ミスが起きやすくなります。こうした食材も、食品ロスになります。

（農林水産省委託・みずほ情報総研「平成29年度食品産業リサイクル状況等調査委託事業報告書より」）

21

食品を作ったり、加工する工場でも、さまざまな形で食品ロスが出ています。その量は、食品ロス全体の約5分の1を占めます。

内容は、調理ミス、期限切れや作りすぎ、機械に残った材料、食の安全を守るための検査用サンプルなどがあります。パッケージの印刷ミスも不良品として捨てられてしまいます。

クッキーの製造。切れ端や、形がそろわないもの、細かいくずなどは食品ロスになる

●多めに作らなければならない事情

食品ロスを減らすには、余りが出ないように計算して作ることがとても大事です。でも、今の日本の食品工場は、どうしても多めに作らなくてはならない事情があるのです。

それが、小売店から出されるペナルティ（罰金）です。

たとえば、お弁当を作る工場で見てみましょう。

コンビニなどの小売店を経営する会社では、1日に数回、工場に発注します。

弁当を○時までに△万食
お願いします

承知しました！
○時までに△万食ですね

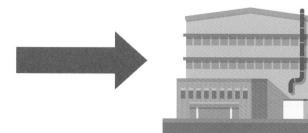

●とても高い罰金

　工場と小売店では、「注文した数を、時間通りに作る。間に合わなかったり数が足りなかったときは罰金を払う」という契約を結んでいます。

　罰金の理由は、「商品がないと、お客様の信用をなくすから」「商品が足りないと、販売のチャンスを失うから」などです。

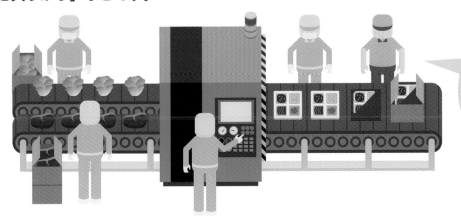

> 時間に間に合わなかったり、足りなかったら大変だ！高い罰金をとられる！

　そのため工場では、「注文が入る前に、多めに作っておこう」と考えます。多めに作って余りを捨てた方が、罰金を払うよりお金がかからないからです。

　でも、工場の人は、準備した食材や、心を込めて作った食べ物を本当は捨てたくないのです。

多く準備しすぎて余ってしまった、トルティーヤの皮

恵方巻になる前に捨てられてしまった、かんぴょうや高野豆腐、さくらでんぶ

ごみとして処分される大量のめん類
（写真提供：株式会社日本フードエコロジーセンター）

工場から出る食品ロスはどうしたら減らせるでしょうか。考えてみましょう。

野菜の旅はサバイバル?!

農家の人が心を込めて育てた農作物は、さまざまな経路をたどって、私たちのもとに届きます。国内だけでなく海外から来るものもあります。その様子はまるで「旅」。生き残りをかけたきびしい旅なのです。

●畑から生き残りが始まる

大切に育てられた農作物は、収穫されると、大きさや重さによって分けられます。そして、形やキズの有無によって出荷できるもの、できないものに分けられます。畑でも食品ロスが生まれているのです。

●次の人へと渡されていく農作物

出荷された野菜は農協※から卸売市場へとバトンタッチ。でも、移動中にキズがついたり、傷んだ野菜は廃棄されてしまいます。これも食品ロスです。

そこのナス、退場!

そ、そんなあ…

※農協とは、農家が助け合って暮らしをよくする目的で、1947 年に設立された組織。全国にあり、組合員数は約 1 千万人。

●やっとたどり着いたスーパーで

いくつもの試練を生き延びて、やっと店頭に並んだ野菜ですが、売れ残ってしまうと、値下げをされ、それでも売れないと、捨てられてしまいます。

●ゴールのはずの家庭でも

ついに誰かに買ってもらえて、「やった～、ゴール！」と思った野菜にも、さらに試練があります。なぜなら、冷蔵庫に入れっぱなしで忘れ去られ、腐ったり、干からびて捨てられてしまう野菜が少なくないからです。そう考えると、私たちが食べている野菜は実にきびしい旅を生き抜いてきたのです。

買ってきてすぐのネギ

冷蔵庫で忘れ去られたネギ

こんなになるまで食べてくれないなんて…。私、ピチピチだったのに

●あなたはどちらを選ぶ？

もし、あなたがお店に行ってニンジンを買うとしたら、どちらを選びますか？

たとえ形が悪くても、野菜の栄養や味に変わりはありません。

「見た目」のこだわりを少しなくすだけでも、食品ロスは減らせるのです。

🍚 食品ロスと地球環境の変

　食品ロスと地球環境の変化は、どちらも、私たちが抱える大きな問題です。そして、この2つは別々の問題ではありません。たとえば、よく耳にする「地球温暖化」について、食品ロスとどんなつながりがあるか考えてみましょう。

●地球温暖化のおさらい

　地球の表面は空気の層でおおわれています。この層は、太陽から届いた熱を宇宙に逃がさない働きと、宇宙に逃がす働きの両方を持っています。そのおかげで、長い間、地球はちょうどよい温度に保たれてきました。

　ところが、石油や石炭を燃やして発電したり、そうした燃料を利用する人が増えていったことで、空気の層の中に二酸化炭素がどんどん増えていきました。

　二酸化炭素は、熱を逃がさない特性を持っているので、地球に熱がこもっていきます。それが、地球温暖化です。

　日本では電気を作るために、今もたくさんの石炭や石油が燃やされていますし、飛行機や自動車も多くの人が利用しているため、二酸化炭素の排出量がなかなか減りません。

　このままでは地球温暖化がさらに進み、気候変動による災害が多くなり、さまざまな動植物が絶滅の危機にさらされてしまいます。

●食べ物を作るのには多くのエネルギーが使われる

　たとえば、農作業には機械を使いますし、ビニールハウスの温度を保つためにも多くのエネルギーを使います。

牛やブタといった家畜類のエサのほとんどは輸入されています。エサを輸送するのには当然、エネルギーがかかります。また、エサは穀物が主なのですが、海外から運んでくる間に腐ってしまわないように乾燥させています。そこにも大きなエネルギーが必要です。

　魚や肉類は傷みやすいので、冷蔵保存されます。その倉庫にはたくさんの電気が使用されます。

　食品工場ではさまざまな機械が使われ、食品を運搬するにもエネルギーが必要です。

　そして、スーパーマーケットなどでは、商品を冷蔵や冷凍したり、店内を明るくしたり、温度を調節したり、たくさんの電気を使います。

　ここで紹介した以外にも、食べ物が私たちに届くまでには、さまざまな場面でエネルギーが使われているのです。食品ロスはそのエネルギーを無駄にすることです。

　本当は、少しでもエネルギーの消費を減らして、地球温暖化を食い止めなくてはいけないのに、捨てられる食べ物のためにも多くのエネルギーが使われているのです。

　つまり食品ロスと地球温暖化は、決して別々の問題ではないのです。

食品ロスがブタのごはんに

　神奈川県相模原市にある株式会社日本フードエコロジーセンターでは、食品ロスを再利用して、「エコフィード」というブタのごはんを作っています。「エコフィード」とは、環境にやさしい飼料（エサ）という意味です。

　あるとき、社長の高橋さんは思いました。
「食べられるものを捨てるなんて、もったいない！」
「捨てられる食品を燃やすのに、お金やエネルギーがかかるのはもったいない！」
　この両方を解決したいという情熱から生まれたのが、エコフィードなのです。

●どんな食品からエコフィードは作られるの？

　たとえば、弁当工場で使われずに余ってしまったごはんやさまざまな食材、また、スーパーやコンビニなどで売れ残った商品や野菜くずなどです。
　家庭の生ごみやレストランなどで出る食べ残しは含まれません。

集めるのは、私たちのごはんになる材料。ごみなんかじゃないのよ♥

変身！
いへんしん

●集められる食品の一例

野菜や果物

パン

おにぎり

パスタ、うどんなどのめん類

トルティーヤの皮

ヨーグルトや牛乳、チーズ

☆エコフィードに使えないもの
生の肉、コーヒーかす、魚のアラ（頭や中骨）、明らかに腐ったもの、廃油や天かす、卵の殻、貝殻、たくさんの香辛料、調味料など。

●エコフィードのいいところは？

現在、日本ではブタや牛などの家畜に、穀物（トウモロコシや麦など）を乾燥させたものを食べさせています。ほとんどが輸入したものです。

ところが、世界中の人口が増えているため、輸入穀物の値段はどんどん高くなっています。このまま穀物の値上がりが続けば、日本の畜産業は成り立たなくなってしまいます。でも、エコフィードならば、値段を安くおさえられるのです。

 エコフィードはこうして作ら

①専用のトラックを使って、エコフィードの材料になる食品を回収します。食品が腐らないように保冷庫を使います。

②専用の容器に入れられた食品は、重さをはかった後、大きなタンクに集められます。それを、水を使って細かくしていきます。

日本フードエコロジーセンターには、1日平均35トンもの食品が持ち込まれるため、工場は365日休みなく動いています。

③細かく砕いた食品の中から、串や爪ようじ、ビニール、ラップなどをていねいに取り除いていきます。

ホチキスの針などの金属が入っていることがあるので、金属探知機やマグネットなども使います。

ここには食べられる食品だけが集められているので、工場内は嫌なにおいがしません。

④機械を使って、さらに食品を細かくしていきます。
　すると、ドロドロのおかゆのような状態になります。

⑤タンクに入れて、熱を加えます。熱を加えること
　で、大腸菌やサルモネラ菌などを殺菌できるので
　す。タンク内を 90℃にして、殺菌を行います。

⑥別のタンクに移して発酵させ
　ます。発酵させると腐りにく
　く、また、ブタの体にもよい、
　エコフィードができあがりま
　す。さらっとしたおかゆのよ
　うな、リキッド状です。

⑦専用のタンクローリーで、契
　約している農家へ運びます。
　栄養たっぷりのエコフィード
　はブタたちに大人気です。

食品リサイクルの輪

　エコフィードで育てられたブタは、「優とん」という名前のブランド肉として、デパートやスーパーで売られます。

　もともと、デパートやスーパーから出た食品ロスが、日本フードエコロジーセンターでエコフィードに生まれ変わります。エコフィードをブタが食べ、そのブタがブランド肉として、デパートやスーパーで売られるのです。

　下の図を見るとわかりますが、一つの輪になっているわけです。

ブランド肉・優とん

スーパーやデパート

食品ロス

食品リサイクルの輪

養豚場

日本フードエコロジーセンター

「優とん」のいいところ

・肉がやわらかく、甘みがある。

・健康によいオレイン酸を多く含んでいる。

・エコフィードは発酵させて作るのでブタが健康に育つ。そのため、安全性が高く、安心して食べられる。

食品リサイクルの輪

●食品ロスと SDGs

　日本フードエコロジーセンターは、食品ロスを再利用してブタのごはんのエコフィードを作るだけでなく、それを食べたブタを、食品ロスを出した店で、ブランド肉として売るという、食品リサイクル・ループ（食の循環）の形を作りました。

　これは、持続可能な開発目標・SDGs の考え方に基づいています。

　17 の目標のどれにあたるか考えてみましょう。

●高橋さんの思い

　私は、子どものころから動物や自然が大好きで、『シートン動物記』や『ドリトル先生』のシリーズを愛読していました。そして、10 歳のとき、「獣医師になって、環境への取り組みをする」と作文に書きました。環境を守りたいという思いは今も変わりません。

　私は作文に書いた通り獣医の資格をとりました。そして今、その知識を生かしながら、自然と人が共生していく社会、つまり持続可能な社会を作ろうといろいろなことを考えています。食品ロスを再利用したエコフィードもその一つです。

株式会社
日本フードエコロジーセンター
高橋巧一社長

おさらいのページ

食品ロスというのは、まだ食べられるのに捨てられてしまう食べ物のことなんだね

日本では毎日、1人あたりおにぎり1個分、1年にすると約48キログラム分の食べ物を捨てているなんて、知らなかった！

食品ロスの約半分が家庭から出ているなんて！　私たち一人ひとりが気をつけなければいけないんだ

賞味期限が切れても、すぐに食べられなくなるわけじゃない。消費期限とは違うんだね

　私たちは、たくさんの食べ物にかこまれて生活しています。食べ物があるのが当たり前で、捨てることに鈍感になっているのかもしれません。
　でも、食べ物には命、作り手の思い、それを作るためのエネルギーなど、たくさんのものがつまっているのです。「もったいない」を合言葉に、食品ロスを減らしましょう。

この本の制作に協力していただきました

■上村協子／うえむらきょうこ
東京家政学院大学教授・消費者庁食品ロス削減推進会議委員

水も食べ物もおいしい熊本市の水前寺公園近くで育ちました。当たり前と思っていた新鮮な食べ物は、世界中の農林漁業に関わる人、食べ物の加工や流通や廃棄に関わる人の努力の結晶だと学んでみてわかりました。大学では、生活者の視点から、持続可能な生活の創造に貢献する現代生活学・家政学・家庭科教育などの授業を担当しています。

持続可能な社会は、誰かが作ってくれるものではなく、一人ひとりの生活者が自分の行動を変え、社会を変えること、消費者が生産者について知って協力して行動することで作られます。協子の協は協力の協です。食品ロスを削減するには、畑（生産者）と食卓（消費者）をつなぐ力が必要です。世界中に頑張っている人が、たくさんいます。この本を手にとった人が、食品ロス削減に努力している人を応援しようと思ってくれることを期待しています。

生活経済学会会長、（一社）日本家政学会生活経営学部会部会長、文部科学省消費者教育推進委員会委員。

■株式会社日本フードエコロジーセンター

食品廃棄物を独自の技術で殺菌、発酵処理し、液体状の飼料を製造することで、関東近郊の170以上の食品排出事業所と契約し、10戸以上の養豚事業者へ飼料を供給している会社です。さらに、エコフィード飼料で肥育したブタを大手スーパー等でブランド肉として販売し、食品排出事業所と生産者が継続的な取り組みができるようリサイクル・ループ構築のサポートを行っています。

2018年、第2回「ジャパンSDGsアワード」において最高賞であるSDGs推進本部長（内閣総理大臣）表彰を受賞。

編　者　株式会社幸運社
　　　　歴史、社会、科学、言語、健康、食文化など、さまざまな分野の制作集団。生活に役立つ広範囲な執筆活動を展開しています。主な著書に『とっさの「防災」ガイド』『世界なんでもランキング100』『ことばのマナー常識401』(以上、PHP研究所)、『「とても頭のいいやり方」大事典』(廣済堂出版)、『日本の教養・雑学大全』(三笠書房)などがある。
監　修　東京家政学院大学教授　消費者庁食品ロス削減推進会議委員　上村協子
編集制作　松島恵利子
デザイン　KIS
写　真　株式会社日本フードエコロジーセンター、PIXTA

今日からなくそう! 食品ロス ～わたしたちにできること～
❶ 食べられるのに捨てられちゃうの?

2020年8月　初版第1刷発行
編　者　株式会社幸運社
発行者　小安宏幸
発行所　株式会社汐文社
　　　　〒102-0071　東京都千代田区富士見1-6-1
　　　　TEL03-6862-5200　FAX03-6862-5202
　　　　URL https://www.choubunsha.com
印　刷　新星社西川印刷株式会社
製　本　東京美術紙工協業組合

ISBN978-4-8113-2723-5